REINAS DEL UNIVERSO ANIMAL

ELEFANTES HEMBRAS

Jefas de manada

de Maivboon Sang

PEBBLE
a capstone imprint

Publicado por Pebble, an imprint of Capstone
1710 Roe Crest Drive
North Mankato, Minnesota 56003
capstonepub.com

Derechos de autor © 2025 de Capstone. Todos los derechos reservados. Ninguna parte de esta publicación puede ser reproducida ni total ni parcialmente, ni almacenada en un sistema de recuperación, ni transmitida de ninguna forma o por ningún medio, ya sea electrónico, mecánico, fotocopia, grabación o de otro tipo, sin la autorización escrita de la casa editorial.

Los datos de catalogación previos a la publicación se encuentran disponibles en el sitio web de la Biblioteca del Congreso.
ISBN: 9780756591656 (tapa dura)
ISBN: 9780756591601 (tapa blanda)
ISBN: 9780756591618 (PDF libro electrónico)

Resumen: Un león se acerca lentamente a una manada de elefantes. La líderesa de la manada ve al gran felino. Suena su fuerte sonido de trompeta. Ella carga contra el león y este huye. Las hembras son las líderes de una manada de elefantes. Protegen a la manada, la conducen a fuentes de alimento y cuidan a las crías. Echa un vistazo a los elefantes y los roles importantes que desempeñan las hembras para garantizar la supervivencia de la manada.

Créditos editoriales
Editora: Carrie Sheely; Diseñadora: Bobbie Nuytten; Investigadoras de medios: Morgan Walters; Especialista en producción: Whitney Schaefer

Traducido al español por U.S. Translation Company

Créditos fotográficos
Capstone Press, 7; Getty Images: Elena Kabenkina, 25; Shutterstock: Alexandree, Cover, Andrzej Kubik, 22, Atosan, 8, Carcharadon, 15, BrightRainbow, (fondo de puntos) elemento de diseño, Ercan Uc, 12, Henk Bogaard, 5, jo Crebbin, 9, Johan Swanepoel, 21, John Michael Vosloo, 23, JONATHAN PLEDGER, 11, 17, 20, M.INTAKUM, 29, markdescande, 19, Michael Potter11, 10, Mikhail Kolesnikov, 13, Nicola_K_photos, 18, Quinton Meyer ZA, 14, Sergey Uryadnikov, 6, Stu Porter, 27, Volodymyr Burdiak, 28, WinWin artlab, (coronas) elemento de diseño

Capstone no mantiene, autoriza ni patrocina los sitios web y recursos adicionales a los que se hace referencia en este libro. Todos los nombres de productos y empresas son marcas comerciales™ o marcas comerciales registradas® de sus respectivos propietarios.

Printed and bound in China. PO 6098

Tabla de Contenido

¡Las elefantes africanas hembras gobiernan!..............................4

Conoce al elefante africano 6

Los cuerpos de los elefantes...........10

Manadas de elefantes......................16

Trabajando juntos............................22

Más allá de la manada 24

Datos sorprendentes sobre los elefantes 28

Glosario..30

Índice..32

Las palabras en **negrita** están en el glosario.

¡Las elefantes africanas hembras gobiernan!

Para los animales que viven en grupos, los machos suelen ser los líderes. Suelen ser más grandes y fuertes que las hembras. Pero no siempre es el tamaño lo que importa en un líder.

Los elefantes viven en grupos llamados **manadas**. ¡Las elefantes hembras, o vacas, dirigen sus rebaños gracias a su inteligencia! Conozcamos a estas grandes gobernantes animales.

Las manadas de elefantes están formadas principalmente por hembras y sus crías.

Conoce al elefante africano

Hay dos tipos de elefantes africanos. Los elefantes de sabana viven en **sabanas** cubiertas de hierba. Se encuentran al sur del desierto del Sáhara. Los elefantes del bosque viven en los bosques de África central y occidental.

Los elefantes del bosque se encuentran cerca de un bosque en el centro-oeste de África.

Sólo quedan unos 415 mil elefantes africanos en libertad. Están en peligro de **extinción**. Algunas personas cazan elefantes por sus **colmillos**. Los colmillos contienen un material valioso llamado marfil. La caza ha provocado que el número de elefantes disminuya.

Las manadas de elefantes permanecen en movimiento. Atraviesan los bosques. Chapotean en **pantanos**.

Los elefantes pasan tiempo refrescándose en el agua.

Los elefantes son herbívoros. Comen pasto, hojas, raíces, frutas y cortezas. También comen árboles pequeños. Pasan en promedio 16 horas al día comiendo.

Los elefantes comen una gran variedad de plantas.

Los cuerpos de los elefantes

Los elefantes africanos son los animales más grandes que viven en la tierra. Pueden pesar hasta 7 toneladas. Pueden medir hasta 4 metros (13 pies). Los machos son más grandes que las hembras.

Los elefantes caminan unos 24 kilómetros (15 millas) al día.

Los elefantes tienen ojos pequeños para su gran tamaño. No pueden ver bien de lejos. Pero pueden ver bien el movimiento. Los elefantes también pueden ver todo lo que les rodea.

El gris y el marrón son los colores de ojos comunes en los elefantes.

Los elefantes africanos tienen orejas grandes. Sus orejas pueden medir hasta 1,5 m (5 pies) de ancho y 1,8 m (6 pies) de largo. Los elefantes oyen bien. Escuchan sonidos que la gente no puede escuchar. Sus orejas también les ayudan a mantenerse frescos. En los días muy calurosos, los elefantes agitan rápidamente las orejas para refrescarse.

Cuando los elefantes agitan las orejas, el aire en movimiento aleja el calor de sus cuerpos.

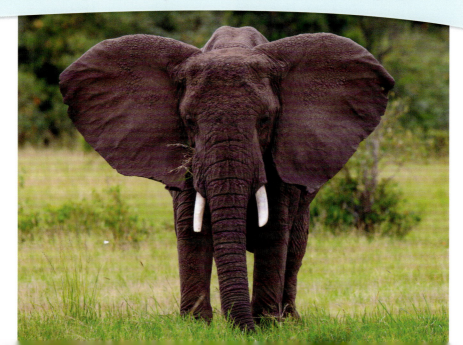

¡Los elefantes también tienen narices grandes! La nariz de un elefante se llama trompa. Mide aproximadamente 2,1 m (7 pies) de largo. Tiene más de 40 mil músculos. Los elefantes usan sus trompas para beber agua y agarrar comida. También lo usan para rociar agua.

Las fosas nasales de un elefante están en la punta de su trompa.

¡A olfatear! Un elefante utiliza su trompa para olfatear el suelo y el aire. Los elefantes tienen un gran sentido del olfato. Es cinco veces más fuerte que el de los seres humanos.

Los elefantes huelen el aire mientras viajan. Les ayuda a saber si hay animales peligrosos en el área.

Los colmillos pueden medir 1,8 m (6 pies) de largo. Los elefantes de sabana tienen colmillos que se curvan hacia afuera. Los elefantes del bosque tienen colmillos más rectos que apuntan hacia abajo. Los colmillos ayudan a los elefantes a cavar, quitar la corteza de los árboles y defenderse. Los elefantes machos usan sus colmillos en peleas con otros machos.

Dos elefantes machos se pelean.

Manadas de elefantes

Las vacas elefantes viven en manadas toda su vida. Una macha es la líder o **matriarca**. A menudo es el miembro de mayor edad de la manada. Una manada incluye a las hermanas e hijas de la matriarca y sus crías o elefantitos.

Los elefantes machos abandonan la manada cuando tienen entre 10 y 19 años. Luego viajan solos. A veces forman pequeñas manadas.

Una matriarca conduce su manada a través de un parque nacional en Sudáfrica.

Los elefantes tienen diferentes formas de comunicarse. Los elefantes emiten muchos sonidos, incluidos trompetazos, gruñidos y retumbos. Pueden emitir trompetazos para ahuyentar a un **depredador**. Una cría de elefante puede rugir para decirle a su madre que tiene hambre.

Las madres elefantes protegen a sus crías.

Los miembros de la manada también usan el tacto para comunicarse. Una madre comprobará si su cría está cerca al golpear su cola. Si la cría no está cerca, la buscará a su alrededor. Los elefantes pueden saludarse envolviendo sus trompas.

Los científicos creen que los elefantes entrelazan sus trompas para mostrar afecto.

Los elefantes tienen muy buena memoria. Aunque estén separados durante años, los elefantes pueden reconocerse entre sí.

Los elefantes forman estrechos vínculos con los miembros de su manada.

Una matriarca puede recordar los caminos que ha tomado la manada. Cuando la comida y el agua son difíciles de encontrar, ella lleva a la manada a un lugar donde puedan asentarse.

Puede hacer mucho calor en África. Encontrar agua es muy importante para los elefantes.

Trabajando juntos

Las vacas elefantes se ayudan unas a otras. Si un elefante se queda atrapado en el barro, otros ayudarán a sacarlo. Otros elefantes alimentarán a un miembro de la manada que no puede alimentarse por sí mismo. Si una madre elefante muere, otros cuidarán de su cría. Las madres mayores ayudan a las madres inexpertas a proteger a sus crías.

Una vaca elefante controla a una cría que está en el barro.

Cuando una madre elefante da a luz, otros elefantes suelen reunirse a su alrededor formando un círculo. Esto la mantiene a salvo de los ataques de animales.

Las vacas elefantes trabajan juntas para cuidar a las crías.

Más allá de la manada

Los elefantes no sólo ayudan a sus manadas a sobrevivir. También ayudan a otros animales.

¡A masticar! ¡Crujido! Una manada de elefantes del bosque devora pequeños árboles y otras plantas. Estos elefantes abren caminos para animales más pequeños. Limpian las plantas. Entonces pueden crecer otros nuevos.

Los elefantes de monte excavan en la orilla seca de un río con sus colmillos. No ha llovido. Los animales por todas partes tienen sed. Los elefantes cavan y cavan. Finalmente, encuentran agua. Ahora todos los animales pueden beber.

Un elefante del bosque mastica una rama de árbol.

Los elefantes ayudan a mantener abierta la sabana. Arrancan árboles de la tierra y se los comen. Esto ayuda a los animales que dependen de las áreas abiertas y pastosas para alimentos.

Cuando los elefantes comen fruta, las semillas pasan a través de sus cuerpos. Las semillas salen cuando los elefantes hacen caca. Nuevas plantas crecen a partir de las semillas.

Los elefantes africanos pueden vivir hasta 70 años. Pero sin hembras adultas, una manada tendría dificultades para sobrevivir.

¡Las elefantes hembras son líderes animales increíbles!

Una madre elefante guía a su cría a través de la hierba alta.

Datos sorprendentes sobre los elefantes

Los elefantes pueden favorecer el colmillo izquierdo o derecho como las personas que son zurdas o diestras.

Los elefantes pueden reconocerse en un espejo. Esto es algo que muy pocos animales pueden hacer.

El cerebro de un elefante puede pesar de 4 a 6 kg (9 a 13 libras).

Una elefanta lleva un embarazo de 22 meses.

Los elefantes pueden comer hasta 136 kg (300 libras) de alimento al día.

¡Los elefantes defecan alrededor de 907 kg (2 mil libras) por semana!

Los elefantes pueden mostrar muchas emociones, como alegría, tristeza y miedo. Las personas que trabajan con elefantes aprenden a reconocer y comprender sus emociones.

Los elefantes pueden sentir sonidos a través de sus pies. Si llueve lejos de la manada, los elefantes viajarán hacia la lluvia porque pueden sentir los truenos a través del suelo.

Glosario

colmillo (col-MI-llo)—un diente muy largo y puntiagudo que sobresale de la boca de un animal cuando está cerrada

depredador (de-pre-da-DOR)—un animal que caza a otros animales para alimentarse

extinto (ex-TIN-to)—ya no vive; un animal extinto es aquel que se ha extinguido y no queda más de su especie

manada (ma-NA-da)—un grupo grande de animales que viven o se mueven juntos

matriarca (ma-tri-AR-ca)—una elefanta que lidera la manada

pantano (pan-TA-no)—suelo húmedo y esponjoso a menudo parcialmente cubierto por agua

sabana (sa-BA-na)—una zona de tierra plana y cubierta de hierba con pocos o ningún árbol

Índice

agua, 8, 13, 21, 24
alimento, 9, 13, 21, 26, 29

caza, 7
cerebros, 28
colmillos, 7, 15, 24, 28
comunicación, 18, 19
crías, 16, 18, 19, 22, 23, 27

Desierto del Sáhara, 6

elefantes de sabana, 6, 15, 24
elefantes del bosque, 6, 15, 24, 25
emociones, 29

machos, 4, 10, 15, 16

manadas, 4, 5, 8, 16, 17, 19, 20, 21, 22, 24, 26, 29
matriarcas, 16, 17, 21
memoria, 20, 21

ojos, 11
oler, 14
orejas, 12

plantas, 9, 24, 26
    árboles, 9, 15, 24, 25, 26

sabanas, 6, 26
semillas, 26
sonidos, 12, 18

tamaño, 10
trompas, 13, 14, 19

Sobre La Autora

Maivboon Sang es escritora de cuentos y no ficción. Cuando no escribe, le gusta leer libros de cocina de repostería. Vive en Minnesota con su marido, quien cree que prepara demasiados postres.